**Stephen C. Lundin, Harry Paul
& John Christensen**

*Comment s'épanouir au travail
et y prendre goût*

Traduit de l'anglais (États-Unis) par Chuck Real

Les auteurs tiennent à remercier les écrivains et les éditeurs qui
leur ont donné l'autorisation de reproduire les extraits de texte sui-
vants : *L'abondance dans la simplicité : la gratitude au fil des jours,*
de Sarah Ban Breathnach
© 1999 Éditions du Roseau, pour la traduction française.
« Faith », *When Many Rivers Meet : Poems.*
© 1996, David Whyte, publié par Many Rivers Press.

Ce livre est dédié aux millions de salariés qui rêvent de s'amuser au travail, ainsi qu'aux milliards de poissons qui se passeraient volontiers de voler dans les airs du célèbre Pike Place Fish Market de Seattle.

Vous y trouverez les clés qui vous permettront de créer un environnement professionnel innovateur et performant, où une attitude ludique, attentive et ouverte accroît l'énergie, l'enthousiasme, la productivité et la créativité.

Préface

La belle histoire de *Fish!* fut d'abord un film. John Christensen et sa société ChartHouse produisirent un étonnant documentaire sur un marché aux poissons de renommée internationale, le Pike Place Fish Market de Seattle. Je diffuse cette vidéo à chacun de mes séminaires pour illustrer ce qui se produit quand on fabrique des employés enthousiastes : on dope leur force de travail et on gagne de nouvelles parts de marché.

Stephen Lundin et mon vieux collègue Harry Paul se sont associés à John pour adapter *Fish!* en livre. Mais quel que soit son support, c'est toujours une formidable histoire d'amour, car, comme vous le découvrirez plus loin : « En choisissant d'aimer notre travail, nous pouvons satisfaire nos besoins quotidiens de bonheur, de sens, et d'épanouissement. »

FISH!

Ce n'est pas négligeable, quand on songe que près de 75 % de notre temps de veille est lié à nos occupations professionnelles, entre le moment où l'on se prépare à aller travailler et celui où l'on parvient à décompresser. La moindre des choses, dès lors, est que nous y prenions du plaisir et que nous nous sentions stimulés. Pourtant, nombreux sont ceux qui conçoivent leur métier comme une corvée, et la rengaine du « vivement vendredi ! » semble avoir la peau dure.

Refusez cette fatalité ! Lisez *Fish!*, faites-le lire à tous vos collègues, et appropriez-vous les quatre secrets que Lundin, Paul et Christensen vous confient. Chacun en tirera des bienfaits, en accroissant la motivation de ses collaborateurs, mais aussi en les rendant fiers de ce qu'ils font. Tout le monde aspire à travailler dans un cadre convivial et dynamique qui permette de faire ses preuves. La philosophie de *Fish!* enrichira chaque employé, car elle prévient les crispations et stimule l'ardeur au travail.

Comme vous le voyez, je suis un grand adepte de *Fish!* C'est un livre formidable, et l'histoire du célèbre Pike Place Fish Market est édifiante. Mais ce livre ne parle pas seulement du commerce de poisson : il raconte une histoire d'amour qui pourra, demain, se dérouler dans votre propre entreprise.

Ken Blanchard
Coauteur du *Manager Minute*

Aimez ce que vous faites

Il est de bon ton, à notre époque, d'affirmer qu'il ne faut vivre que de ses passions. Écrivons des poèmes, parcourons le monde en voilier, adonnons-nous à la peinture... et l'argent suivra. L'existence est trop brève pour que l'on s'attarde sur des tâches sans grand intérêt, alors on court inlassablement après l'emploi parfait. Le danger, c'est que cette quête tout entière tournée vers le futur nous prive, de fait, des merveilles que renferme notre quotidien.

À l'évidence, quantité de facteurs nous interdisent le poste de nos rêves. Nombre d'entre nous sommes liés par nos responsabilités familiales ou notre mode de vie. Certains cherchent toujours leur véritable vocation. D'autres enfin subissent un tel stress dans leur vie privée qu'ils n'ont ni le temps ni l'énergie de lever le nez du guidon.

Fish! est une parabole, une fable destinée à réveiller l'énergie, la créativité et la passion qui sommeillent en chacun de nous, en apprenant à aimer ce que l'on fait, même si ce n'est pas toujours ce dont on rêvait.

🐟 Seattle, lundi matin

C'était un lundi froid, humide, sombre et morne dans la région de Seattle. Les météorologues de la quatrième chaîne prédisaient au mieux une vague éclaircie vers midi. Les jours comme ça, Mary-Jane Ramirez regrettait beaucoup le sud de la Californie.

Quelle aventure ! se dit-elle en songeant aux trois années passées. Tout avait commencé quand Dan, son mari, avait reçu une proposition en or de Macrosoft, dans la région de Seattle. En quatre petites semaines, ils avaient donné leur préavis, fait les cartons, déménagé et déniché une bonne crèche pour les enfants. Profitant de la reprise immobilière, ils avaient immédiatement trouvé un acheteur pour leur pavillon de Los Angeles, et Mary-Jane fut engagée comme chef de service chez First Guarantee Financial, l'une des plus grandes banques d'affaires de Seattle.

Dan adorait son travail chez Macrosoft. Quand il rentrait le soir, il débordait d'énergie et contait d'un air émerveillé les performances de son entreprise. Mais il s'intéressait également aux activités de sa femme et s'enquérait de ses nouveaux collègues comme des défis qui l'attendaient. N'importe quel observateur vous aurait dit que ces deux-là étaient les meilleurs amis du monde. Chacun illuminait l'autre par sa présence.

Ils avaient prévu toutes les éventualités, sauf une. Douze mois après leur installation à Seattle, Dan fut conduit aux urgences après une rupture d'anévrisme, qui lui ôta la vie quelques instants plus tard. Ils n'avaient rien vu venir, et n'eurent pas le temps de se dire au revoir.

Ça va faire deux ans ce mois-ci. On était à Seattle depuis une année à peine. Un flot de souvenirs lui submergea le cœur. Mais elle se ressaisit. *Ce n'est pas le moment de m'appesantir sur ma vie privée. La journée est loin d'être terminée et j'ai plus de travail qu'il n'en faut.*

First Guarantee Financial

Au cours de ces trois premières années chez First Guarantee Financial, Mary-Jane s'était forgé une solide réputation de cadre « fidèle au poste ». Elle n'était ni la première arrivée le matin ni la dernière partie le soir, mais avec elle aucun dossier ne restait en souffrance. On la savait méthodique et consciencieuse, et les autres départements se bousculaient pour traiter avec son service, qui obtenait les meilleurs résultats.

C'était aussi une chef appréciée et respectée. Elle était toujours à l'écoute des problèmes ou suggestions de ses collaborateurs et fermait les yeux sur leurs absences exceptionnelles. Son naturel affable dissipait les tensions, et tous aimaient la côtoyer. On pouvait compter sur la petite équipe de Mary-Jane.

À l'inverse, le département de gestion du troisième étage s'attirait tous les reproches. « Obtus, défaitistes, mollassons, zombies, désagréables, lambins, bras cassés... », les mots ne manquaient pas pour fustiger ces canards boiteux devenus les souffre-douleur de toute l'entreprise. Hélas, ces derniers traitaient l'essentiel des transactions de First Guarantee. Les cadres rivalisaient d'anecdotes sur leur compte, et ceux qui s'aventuraient dans leurs bureaux disaient qu'il y régnait une véritable ambiance de mort. Mary-Jane se souvenait du fou rire qu'avait déclenché l'un de ses collègues en revendiquant le prix Nobel, au motif qu'il croyait avoir « décelé un signe de vie au troisième étage ».

Pourtant, quelques semaines plus tard, Mary-Jane accepta d'être promue à la tête de ce département. Ce choix pouvait surprendre, étant donné ses excellents rapports avec ses collaborateurs qui avaient su la soutenir dans l'épreuve et, surtout, la réputation désastreuse du troisième étage. Mais avec les frais d'hospitalisation de Dan à rembourser, cette augmentation de salaire tombait à point nommé. Alors elle dit oui, et devint ainsi la troisième personne affectée à ce poste en deux ans.

Le troisième étage

Pendant cinq semaines, elle tâcha de cerner son nouveau travail et ses nouveaux collègues. Bien qu'elle trouvât ces derniers, sur le plan

FISH!

humain, tout à fait sympathiques, elle constatait que leur réputation était ô combien méritée. Elle avait vu Bob, cinq ans d'ancienneté, laisser sonner sept fois sa ligne avant de débrancher la prise ; entendu Martha décrire sa façon de traiter ceux qui la « brusquaient » – leur dossier se retrouvait « accidentellement » dernier de la pile ; et trouvé, chaque fois qu'elle passait la tête dans la salle de repos, quelqu'un assoupi sur la table.

Tous les matins ou presque, les téléphones sonnaient dans le vide car les gens arrivaient bien après l'horaire réglementaire. Priés de s'expliquer, ils servaient des excuses plus ou moins fallacieuses. Ils semblaient fonctionner au ralenti, et le sobriquet de « zombies » n'était pas usurpé.

Il fallait réagir au plus vite, mais comment ?

Un soir, après avoir couché les enfants, Mary-Jane relut ce qu'elle avait écrit la veille dans son journal intime :

Vendredi était peut-être une journée froide et grise, mais comparée à l'atmosphère du bureau, c'était un jour d'été. Aucune énergie. Parfois, je peine à croire que le troisième étage abrite des êtres vivants. Il faut au moins une grossesse ou un mariage pour que les gens s'animent un peu. Rien ne les intéresse au quotidien.

Je dirige trente employés dont la plupart accomplissent les mêmes tâches de façon identique depuis des années. Ce sont de braves gens, mais aucune étincelle n'habite leur regard. Ils sont complètement blasés. Le département s'est peu à peu replié sur un climat si délétère que les nouveaux venus se font immédiatement happer. Quand je parcours l'allée séparant les bureaux paysagers, j'ai l'impression que l'air est dépourvu d'oxygène. J'ai du mal à respirer.

La semaine dernière, j'ai découvert que quatre personnes refusaient d'utiliser le système informatique en place depuis deux ans. Elles préfèrent, disent-elles, procéder à l'ancienne. Je me demande combien de surprises on me réserve encore.

J'imagine que c'est lié à la nature du travail : des opérations répétitives et dépourvues d'intérêt. Mais je refuse d'y voir une fatalité. Je dois trouver un moyen de leur montrer combien notre rôle est vital pour l'entreprise. Car c'est bien nous qui permettons aux autres départements de servir la clientèle. Mais il se trouve que nous œuvrons dans l'ombre, en exécutants anonymes, et je suis sûre que personne ne prêterait attention à notre travail s'il n'était aussi mauvais – et Dieu sait s'il l'est.

Personne n'officie dans ce département par amour du métier. Je ne suis pas la seule à avoir des problèmes d'argent. Plusieurs femmes et un homme sont également des parents isolés. Jack vient de recueillir son vieux père malade. Bonnie et son mari élèvent eux-mêmes leurs deux petits-enfants. Notre présence ici s'explique en trois mots : salaire, sécurité, avantages.

Mary-Jane s'arrêta sur cette dernière phrase. Le département des opérations courantes semblait le lieu idéal pour finir sa carrière. La paie était honnête et la sécurité de l'emploi optimale. « Mes employés ont-ils conscience que cette sacro-sainte sécurité n'est peut-être qu'une illusion ? se demanda-t-elle en son for intérieur. Savent-ils les profondes métamorphoses que la marché impose à l'industrie financière ? Comprennent-ils que nous devrons tous nous adapter si nous voulons rester compétitifs, à l'heure où notre secteur d'activités connaît une grande vague de concentrations ? Ont-ils songé que si nous ne changeons pas, nous finirons tous au chômage ? »

Elle connaissait déjà les réponses. Non. Non. Non. Non. Ses collaborateurs étaient engoncés dans leurs habitudes. Ils croupissaient là, ignorés du reste de l'entreprise, depuis trop longtemps. Ils priaient pour que la retraite sonne avant l'heure du changement. Mais elle-même, Mary-Jane, pensait-elle vraiment autrement ?

La sonnerie du téléphone la sortit de ses songes. Ensuite, elle passa une heure à éteindre une série d'incendies. Elle apprit d'abord que le dossier d'un client important avait disparu dans les méandres du troisième étage. Puis une collègue d'un autre département vint faire un scandale au motif qu'on la mettait sans cesse en attente, imitée par un cadre du service juridique à qui l'on avait raccroché au nez trois fois de suite. Enfin, une collaboratrice censée remettre dans la journée un rapport de la plus haute importance était en arrêt de maladie, comme nombre de salariés. Quand elle eut tout réglé, Mary-Jane empoigna son casse-croûte et se dirigea tout droit vers la sortie.

Le marigot d'énergie toxique

Mary-Jane avait pris l'habitude de déjeuner à l'extérieur. Depuis sa promotion, elle ne supportait plus d'entendre ses copines de cafétéria vilipender à longueur de repas les empotés du troisième étage. Elle préférait prendre un bon bol d'air.

En général, elle descendait la colline jusqu'au front de mer. Là, elle pouvait grignoter son sandwich les yeux plongés dans l'eau du Puget Sound ou observer les touristes grouillant autour des petites échoppes.

Elle était à peine sortie de son bureau qu'elle entendit retentir son téléphone. *C'est peut-être la crèche*, songea-t-elle. *Stacy était enrhumée ce matin.* Elle rebroussa chemin à toute vitesse, et décrocha à la quatrième sonnerie.

– Mary-Jane Ramirez à l'appareil, souffla-t-elle.

– Bonjour, c'est Bill.

Qu'est-ce qu'il veut encore ? soupira-t-elle intérieurement. La personnalité de son nouveau supérieur l'avait aussi fait hésiter à prendre le poste. Bill passait pour une belle enflure et, de ce qu'elle en savait, c'était mérité. Autoritaire et cassant, il interrompait sans cesse ses interlocuteurs et se complaisait dans un agaçant paternalisme : « Alors, Mary-Jane, vous arrivez à suivre le projet Stanton ? » Si Mary-Jane était la troisième personne nommée sur ce poste en deux ans, Bill y était sûrement pour quelque chose.

– Je sors à l'instant d'une longue réunion avec l'équipe de direction, dit-il, et je souhaite vous voir cet après-midi.

– Entendu, Bill. Il y a un problème ?

– La direction est convaincue que nous allons au-devant d'une période difficile, et que nous ne surnagerons que si chacun donne le meilleur de lui-même. Soit le personnel augmente sa productivité, soit on change le personnel. Nous avons évoqué l'effet contagieux de quelques départements, où l'énergie et la motivation sont si faibles qu'elles tirent tout le monde vers le bas.

Mary-Jane redoutait déjà la suite.

– Le patron a suivi une de ces conférences sur la motivation au travail, et il ne tient plus en place. Il semble particulièrement remonté contre le troisième étage.

– Il nous a montrés du doigt ?

– Non seulement il vous a montrés du doigt,

mais il vous a trouvé un charmant surnom : « le marigot d'énergie toxique ». Vous entendez ça ? C'est inacceptable ! C'est humiliant !

– Le marigot d'énergie toxique ?

– Parfaitement. Il m'a aussitôt cuisiné pour savoir ce que je comptais faire. J'ai répondu que je partageais son inquiétude et que je vous avais fait venir pour régler le problème. Il a demandé à être informé de l'évolution de la situation. Alors dites-moi, c'est réglé ?

Réglé ? Après seulement cinq semaines ?

– Pas encore.

– Eh bien, il faudra donner un coup d'accélérateur, Mary-Jane. Si vous ne vous sentez pas de taille, j'aimerais le savoir au plus vite, afin de procéder aux changements qui s'imposent. Le patron est persuadé qu'il nous faut plus d'énergie, de passion et de ferveur. Mais je ne suis pas sûr que, en l'occurrence, le problème se situe à ce niveau. Après tout, il ne faut pas avoir fait Harvard pour travailler au troisième étage et, de vous à moi, je n'ai jamais attendu de miracles d'une bande d'employés de bureau. Mais ce département est la risée de l'entreprise depuis si longtemps que le grand chef doit y voir la cause de tous les maux. On peut se voir quand ?

– Que diriez-vous de 14 heures ?

– 14 h 30, d'accord ?

– Parfait.

Bill avait dû déceler une note d'amertume dans sa voix.

– Ne vous fâchez pas, Mary-Jane. Vous venez juste d'arriver.

Je t'en filerai, des « ne vous fâchez pas », grommela Mary-Jane après avoir raccroché. *D'accord, c'est mon supérieur hiérarchique, et on a un vrai problème. Mais tout de même... quel imbécile !*

Une entorse à la routine

Fébrile, Mary-Jane reprit le chemin des ascenseurs. Arrivée en bas, elle renonça au front de mer et vira à droite sur First Street, jugeant que l'état de ses nerfs exigeait une longue promenade. L'expression « marigot d'énergie toxique » tournait en boucle dans sa tête. Puis une voix intérieure lui murmura : « Cette énergie toxique est ce qui t'exaspère le plus au troisième étage. Ça ne peut pas continuer. »

Sa balade improvisée la mena dans une partie inconnue de la ville. Soudain, des éclats de rire attirèrent son regard vers la gauche, où elle découvrit le marché de Seattle. Elle en avait entendu parler, mais ne s'y était jamais aventurée de peur de grever ses maigres finances.

FISH!

Guidée par la curiosité, elle descendit sur Pike Place et vit une foule de travailleurs en cols blancs amassés autour d'un stand de poissons, tous hilares. Perturbée par ses soucis du moment, elle eut le réflexe de reculer. Puis elle se ravisa, estimant qu'une pinte de bon sang lui ferait le plus grand bien. Comme elle se rapprochait du groupe, l'un des poissonniers lança :

– Salut à vous, hommes-yaourts !

Sur quoi des dizaines de spectateurs levèrent leurs pots de yaourt au ciel. *Mon Dieu*, songea-t-elle, *où ai-je mis les pieds ?*

Le mondialement célèbre Pike Place Fish Market

C'est un poisson qui vient de passer au-dessus de nos têtes ? Elle se demandait si elle avait la berlue quand le phénomène se reproduisit. Un des hommes en tablier blanc et bottes noires souleva une grosse pièce et la lança vers le comptoir distant de six mètres en criant : « Et un saumon pour le Minnesota ! » Et la foule de reprendre en chœur : « Et un saumon pour le Minhesota ! » Le type derrière le comptoir réussit un superbe arrêt d'une main, puis fit une courbette sous les applaudissements du public.

FISH!

À droite de Mary-Jane, un autre jouait les ventriloques avec un poisson, devant un gamin aux anges. Son comparse aux tempes grisonnantes traversait la foule en criant : « Des questions ? Qui a des questions ? Une question sur les poissons ? » Le jeune homme qui tenait la caisse jonglait avec des crabes. Un couple de retraités riait aux larmes devant un vendeur en grande conversation avec le poisson qu'ils avaient choisi. Il régnait une ambiance de folie, et Mary-Jane se déridait peu à peu.

Elle examina le groupe d'employés de bureau yaourt au poing, et se demanda : *Font-ils vraiment leur marché à l'heure du déjeuner, ou viennent-ils juste profiter du spectacle ?*

Intrigué par son air sérieux et perplexe, un des poissonniers alla à sa rencontre.

– Qu'est-ce qui ne va pas ? demanda-t-il. On n'a pas son yaourt ?

Elle pivota et découvrit un beau jeune homme coiffé de longs cheveux noirs. Il la fixait intensément, un sourire jusqu'aux oreilles.

– Si, j'en ai un, répondit-elle en désignant son sac en papier. Je me demandais juste où j'avais atterri.

– C'est la première fois que vous venez ici ?

– Oui. En général, je déjeune sur le front de mer.

– Et vous avez raison. C'est très calme par là-bas. Bien plus qu'ici, en tout cas. Mais quel bon vent vous amène, alors ?

Sur la droite, un autre luron demandait d'un ton théâtral : « Qui veut m'acheter un poisson ? » pendant que son voisin plaisantait avec une ravissante demoiselle. Un crabe frôla le crâne de Mary-Jane et quelqu'un cria : « Et six crabes pour le Montana ! » refrain que le public reprit en chœur. Un gars portant un bonnet de laine dansait entre deux caisses enregistreuses. Mais le jeune homme aux cheveux noirs continuait de la dévisager. *Mon Dieu*, songea-t-elle. *Il attend vraiment une réponse. Je ne vais quand même pas confier mes malheurs à un parfait inconnu.* Et c'est pourtant ce qu'elle fit.

Imperturbable malgré les facéties de ses collègues, le dénommé Lonnie écouta Mary-Jane décrire les difficultés que lui posaient les limbes du troisième étage.

– J'ai moi-même travaillé dans des endroits assez sinistres, dit-il quand elle eut terminé. Ici, par exemple, c'était atroce lorsque j'ai débuté. Mais que remarquez-vous de particulier aujourd'hui ?

– Le bruit, l'action, l'énergie…

– Et que pensez-vous de cette énergie ?

– Je trouve ça génial !

FISH!

– Et moi donc… Je ne pourrai plus intégrer un marché ordinaire après une telle expérience. Mais, comme je le disais, il n'en a pas toujours été ainsi. Ici aussi, ce fut longtemps un infâme marigot, jusqu'à ce qu'on décide de réagir. Et voilà le résultat. Pensez-vous qu'une telle énergie serait profitable à votre équipe ?

– Sans aucun doute. C'est précisément ce qui nous fait défaut.

– Alors je serai ravi de vous expliquer ce qui, à mes yeux, rend notre marché si différent des autres. Qui sait, ça pourrait peut-être vous donner des idées ?

– Mais on n'a rien à lancer, nous ! Notre travail est ennuyeux au possible, et la plupart d'entre nous…

– Hep là ! Pas si vite ! Il ne s'agit pas seulement de lancer des poissons. Il va de soi que nous exerçons des métiers très différents, mais je me dis que vous pourriez tirer vos propres enseignements de ce que nous avons appris ici. En d'autres termes, j'aimerais vous aider.

– Mais pourquoi feriez-vous cela pour moi ?

– Pour tout vous dire, je me trouvais dans un sale état quand j'ai pris ce boulot, et j'estime qu'il m'a littéralement sauvé la vie. Alors depuis, je me sens le devoir de rendre aux autres ce qui m'a été donné, et vous m'offrez l'occasion de le faire. Je suis persuadé que vous trouverez ici les solutions que vous recherchez, car nous sommes une véritable mine d'énergie positive.

Tandis qu'il prononçait le mot *énergie*, un nouveau crustacé virevoltait au-dessus des étals, et un commerçant lançait avec l'accent texan : « Et cinq crabes pour le Wisconsin ! »

Mary-Jane laissa passer l'écho de la foule, puis dit à Lonnie :

– C'est d'accord. Je serai votre élève.

Elle consulta sa montre : il était grand temps de rentrer. Elle ne doutait pas que ses collaborateurs surveillaient ses horaires de près.

– Revenez donc demain, à la même heure, proposa Lonnie. Et, cette fois, avec *deux* yaourts.

Il se retourna et commença aussitôt à expliquer à un jeune homme en ciré la différence entre les saumons chinook et sockeye.

Deuxième visite

Mardi, l'heure du déjeuner venue, Mary-Jane se hâta vers le marché. Lonnie avait dû la guetter, qui émergea immédiatement de la foule. Ils empruntèrent une passerelle située derrière le stand de tee-shirts et suivirent un hall menant à une petite salle vitrée surplombant le port et le détroit. Lonnie mangea un petit pain et le yaourt que lui avait apporté Mary-Jane, pendant qu'elle l'interrogeait sur son métier. Après l'avoir entendu décrire une journée de travail, elle se dit que la poissonnerie n'avait rien d'une sinécure, ce qui rendait l'attitude de Lonnie et consorts d'autant plus admirable.

– Il semble que nos deux métiers aient plus de points communs que je ne le croyais, dit-elle.

– Vraiment ?

– Le travail de mon équipe consiste essentiellement en des tâches triviales et répétitives. Mais elles sont indispensables. On ne voit jamais le client, mais à la moindre erreur on se fait taper sur les doigts. Par contre, quand on fait tout comme il faut, personne ne le remarque. Pour résumer, nous effectuons un travail ennuyeux. Et je suis fascinée par la façon dont vous avez rendu stimulante une activité rébarbative.

– Avez-vous jamais songé que n'importe quel travail peut paraître ennuyeux à celui qui l'accomplit ? Certains parmi les hommes-yaourts voyagent dans le monde entier pour leurs affaires. Quand j'entends ça, je les envie, mais eux me disent qu'on en a, si je puis dire, vite fait le tour. En d'autres termes,

FISH!

n'importe quel métier peut s'avérer pénible sous certaines conditions.

– Je suis bien de votre avis. Quand j'étais adolescente, j'ai eu la chance de décrocher ce dont rêvent beaucoup de jeunes filles : un contrat de mannequinat. Mais j'ai déchanté au bout d'un mois. On passait des heures entières sans rien faire, à attendre que ça se passe. Ou prenez les présentateurs du journal télévisé : certains se contentent de lire des textes rédigés par d'autres. C'est inintéressant au possible, vous ne trouvez pas ?

– Dans ce cas, si vous admettez que tout travail peut-être ennuyeux, reconnaîtrez-vous à l'inverse que tout travail peut être accompli avec ardeur et enthousiasme ?

– Je ne sais pas. Vous auriez un exemple ?

– Rien de plus facile. Promenez-vous dans le marché et observez les autres étalages de poissons. Ils ne sont pas dans le coup. Ce sont – comment disiez-vous ? – de véritables marigots d'énergie toxique. Leur approche du métier est excellente… pour *nos* affaires. Comme je vous l'ai dit, le Pike Place Fish Market leur ressemblait jadis. Jusqu'à ce que nous fassions une découverte surprenante : *on ne choisit pas toujours son métier, mais on peut toujours choisir comment l'exercer.* C'est la plus grande leçon que nous ayons apprise : *on peut toujours choisir son attitude au travail.*

CHOISIR
SON ATTITUDE

Mary-Jane tira un carnet de son sac et commença à écrire :

> **On ne choisit pas toujours son métier,**
> **mais on peut toujours choisir**
> **comment l'exercer.**

Puis elle releva la tête et demanda :

– Et pourquoi ne pourrait-on choisir son métier ?

– Bonne question. On a toujours la possibilité de démissionner, ce qui revient d'une certaine manière à choisir son métier par défaut, mais nos responsabilités et d'autres facteurs rendent souvent cette perspective imprudente, voire suicidaire. Autrement dit, il ne s'agit plus vraiment d'un choix. En revanche, on peut toujours choisir son attitude au travail.

« Prenons l'exemple de ma grand-mère. Elle mettait du cœur et de la joie dans tout ce qu'elle faisait, au point qu'on se disputait, entre petits-enfants, pour l'aider à faire la vaisselle. J'ai deviné depuis qu'elle ne vouait aucune passion à cette tâche, mais elle y apportait de l'amour, et cet état d'esprit était communicatif, contagieux.

« De la même manière, mes copains et moi avons saisi que nous imprimons à chaque journée de travail une certaine attitude. Nous pouvons l'aborder abattus et déprimés jusqu'au soir. Bougons, au risque de heurter collègues et clients. Ou bien frais, joyeux, ouverts, et passer quelques heures du tonnerre. Après de longues discussions, nous nous sommes dit : puisque nous sommes condamnés à travailler, autant tirer le meilleur de chaque jour. Cela vous paraît-il sensé ?

– Absolument.

– En fin de compte, cette liberté de choix nous a tellement plu que nous avons décidé, dans la foulée, de devenir des stars internationales. Car vous conviendrez qu'une journée de star internationale est autrement réjouissante qu'une journée de sombre anonyme, n'est-ce pas ? Notre job en tant que tel n'a rien d'une partie de plaisir. On a froid, on est trempé, ça sent mauvais, ça glisse, et on en ressort éreinté. Mais libre à nous de nous y consacrer dans un état d'esprit positif.

– Si je comprends bien, vous vous dites : quitte à travailler, autant devenir des stars. Ça paraît si simple…

FISH!

– Attention, c'est plus facile à dire qu'à faire, et il nous a fallu près d'un an pour en arriver là où nous sommes aujourd'hui. Pour tout vous dire, je me suis longtemps complu dans le rôle du râleur de service. Ma vie était un désastre, mais je ne m'étais jamais remis en question. Je pensais n'avoir plus rien à apprendre. L'existence était rude, et j'y répondais en étant rude à mon tour.

« Quand nous avons décidé de lancer un nouveau concept de poissonnerie, je refusais d'admettre que l'on puisse changer sa façon d'aborder sa journée. J'étais tellement habitué à me poser en victime… Puis l'un des anciens de la bande, qui avait lui aussi connu des moments difficiles, m'a pris à part et m'a patiemment exposé ses théories. Après réflexion, j'ai décidé de les tester et ce fut une grande révélation. On peut toujours choisir son attitude. Je le sais, car j'ai choisi la mienne.

Mary-Jane était impressionnée par ce qu'elle entendait, et plus encore par la personnalité de son interlocuteur.

– Et quelles sont les autres raisons de votre succès ? demanda-t-elle.

– Il y a quatre ingrédients, mais celui que je viens de vous donner conditionne les trois autres. On n'arrive à rien si on ne choisit pas d'abord son attitude. Aussi, je propose qu'on en reste là pour aujourd'hui. Voyez déjà comment vous pouvez appliquer ce premier principe au troisième étage. Et appelez-moi quand vous serez prête à connaître la suite. Vous avez notre numéro ?

— Il est inscrit partout sur vos étals !

— C'est vrai. La discrétion n'est pas notre fort, n'est-ce pas ? Allez, à bientôt. Et merci pour le yaourt.

Le courage de changer

Mary-Jane fut submergée de travail jusqu'à la fin de la semaine. Mais elle repensait sans cesse à son entrevue avec Lonnie et à l'idée que l'on puisse choisir son attitude. Pourtant, quoique convaincue par la « Fish-philosophie », elle sentait que quelque chose en elle rechignait à y souscrire tout à fait. *Quand tu doutes, étoffe tes infos,* se dit-elle alors, et c'est ainsi que, le vendredi après-midi, elle composa le numéro de poste de Bill.

— Dites-moi, Bill, serait-il possible d'avoir un compte rendu de cette conférence qu'a suivie notre grand patron sur le thème de la motivation au travail ?

— Vous parlez sérieusement ? C'était encore un de ces trucs New Age. Je parie qu'ils ont passé

FISH!

l'essentiel du week-end vautrés dans des jacuzzis. Vous avez vraiment du temps à perdre ?

Mary-Jane sentit monter la colère.

– Écoutez, Bill, quand j'ai pris ce poste, vous et moi savions qu'il y avait beaucoup à faire. Aujourd'hui la barre est remontée d'un cran, et les échéances approchent. Nous sommes dans la même galère. Alors vous comptez m'aider ou me mettre des bâtons dans les roues ?

Mon Dieu, j'ai osé dire ça ? songea-t-elle. *Ça fait du bien, en tout cas...*

Bill ne prit pas la mouche. Au contraire, ce répondant ne semblait pas lui déplaire.

– D'accord, d'accord. Ne vous fâchez pas. J'ai la cassette de la conférence sur mon bureau. Je suis censé l'écouter, mais je n'en ai pas eu le temps. Je vous la laisse et vous m'en ferez une synthèse ?

– Ça marche. Je passerai la prendre.

Un trajet mémorable

Le retour sur Bellevue se fit pare-chocs contre pare-chocs, mais Mary-Jane n'y prêta aucune attention. Elle était en pleine introspection. *Quand ai-je perdu confiance en moi ?* se demandait-elle.

FISH!

Tenir tête à Bill est le seul acte courageux que j'ai osé depuis longtemps. Depuis deux ans, pour être précise.

Lasse, elle inséra la cassette de Bill dans l'auto-radio. Des deux enceintes s'éleva une voix grave, profonde, presque envoûtante. L'enregistrement contenait les vers d'un poète qui diffusait ses œuvres au bureau, convaincu que la poésie avait pour vertu de dynamiser le personnel. Il s'appelait David Whyte. Ses textes étaient entrecoupés d'explications ou d'anecdotes. Mary-Jane fut immédiatement happée, transportée par ces paroles qui l'atteignaient au cœur.

Les besoins de l'entreprise et les besoins des travailleurs se confondent. Créativité, passion, souplesse, ardeur…

C'est bien vrai, pensa-t-elle.

En été, si nous laissons nos voitures toutes vitres ouvertes sur le parking de l'entreprise, ce n'est pas pour préserver les sièges de la fournaise, mais parce que seuls deux tiers de notre être partent vraiment travailler, tandis que le dernier reste assis dans la voiture. Imaginez que nous parvenions à mobiliser la totalité de notre personne…

FISH!

Qui est ce type ? se demanda-t-elle, avant de frissonner d'émotion quand David Whyte récita son poème *Foi,* qu'il confia avoir écrit à une période où il n'en avait justement plus beaucoup.

FISH!

Foi

Je veux écrire sur la foi
Dire comment la lune se lève
sur la neige glacée, nuit après nuit

la foi intacte même au glas de sa plénitude
et jusqu'à n'être plus que cet infime croissant,
ultime point de lumière avant l'obscurité finale
mais de foi je suis pour ma part dépourvu
et refuse de lui céder le plus petit accès

Que ceci dès lors, ce court poème,
telle la nouvelle lune, effilée, à peine entrouverte
soit la première prière qui m'ouvre à la foi

David Whyte

FISH!

Mary-Jane eut une soudaine révélation à l'écoute de ce poème : elle comprit ce qui l'empêchait d'aller de l'avant. Depuis le décès de Dan et ses nouvelles responsabilités de mère célibataire, elle ne se s'était plus sentie capable d'affronter le monde. Elle fuyait devant le danger, de peur d'hypothéquer son bien-être et celui de ses enfants.

Réformer le troisième étage était un pari risqué, qui pouvait bien lui coûter son poste. Mais, à y réfléchir, était-ce plus risqué que le statu quo ? *Si nous n'évoluons pas, nous pourrions tous perdre notre emploi. Et puis, je refuse de travailler dans cette ambiance sinistre, amorphe, sans vie, car je sais qu'elle peut, à terme, déteindre sur moi. Quelle genre de mère serais-je alors ? Et quel exemple désastreux pour mes enfants... Si je décide d'enclencher le processus de changement lundi, ma première tâche sera de choisir mon attitude. Et je choisis la foi. Je dois avoir foi en l'avenir. Me dire que, quoi qu'il arrive, tout ira bien.*

Je suis une battante, et je l'ai déjà prouvé. Alors tout ira bien. Il est grand temps de purger le marigot d'énergie toxique. Pas seulement dans l'intérêt de l'entreprise, ni parce qu'on m'a nommée là pour relever ce défi, mais avant tout pour moi-même, pour reprendre confiance en moi.

FISH!

Là-dessus lui revint un passage de la cassette : « Je ne considère pas que l'entreprise soit nécessairement une prison, mais il arrive que nous en fassions une prison par notre seule façon de travailler. J'ai bâti une prison en cessant de croire en moi-même. »

L'allégorie de la prison lui parut familière – elle était persuadée de l'avoir déjà entendue lors d'un séminaire. Arrivée sur le parking de la crèche, elle coupa son moteur, sortit son journal intime, et écrivit :

La vie est trop précieuse pour que je passe la moitié de mes journées dans un marigot d'énergie toxique. Je refuse de vivre ainsi, et je suis convaincue que mes collègues penseront de même lorsqu'ils se trouveront face à une alternative claire.

Le climat qui règne dans notre service ne date pas d'hier. Autrement dit, je ne pourrai le vaincre qu'au prix d'une prise de risques personnelle, et sans garantie de réussite. Mais ce pourrait être une aubaine, l'occasion rêvée de

reprendre confiance en moi. Le plus dange-
reux, à mon avis, serait encore l'immobilisme.
J'ai dû conserver, dans mes notes, un message
allant dans ce sens. Je dois remettre la main
dessus, car rien ne sera de trop pour m'aider.

Elle rangea son journal, sortit de la voiture et alla chercher sa fille.

– Maman ! Tu as les yeux mouillés. Tu as pleuré ?

– Oui, mon cœur, j'ai pleuré, mais c'étaient des larmes positives. Tu as passé une bonne journée ?

– J'ai fait un dessin de notre famille. Tu veux le voir ?

– Bien sûr.

Sur la feuille de papier, quatre personnages ronds la dévisageaient.

– Seigneur, soupira-t-elle dans un demi-sourire. *Une mise à l'épreuve de plus...*

– Prends tes affaires, chérie. Brad doit nous attendre.

FISH!

Dimanche après-midi

Tous les dimanches après-midi, Mary-Jane confiait ses enfants à une baby-sitter pendant au moins deux heures. C'était une petite gâterie qu'elle s'accordait et qui lui permettait de recharger les batteries avant d'entamer une nouvelle semaine. Elle profitait de cette plage de détente pour se balader à vélo, faire du lèche-vitrines ou bouquiner dans l'un des nombreux cafés de Seattle. Son repaire favori se trouvait à trois pâtés de maisons. Elle prit quelques livres et se mit en route.

Sa table attitrée semblait l'attendre. Elle commanda un double crème et ouvrit son vieil exemplaire écorné de *L'abondance dans la simplicité : la gratitude au fil des jours,* de Sarah Ban Breathnach, qui consacrait un chapitre à chaque jour de l'année. Elle se rendit à la page du 8 février, où plusieurs mots-clés lui sautèrent aux yeux :

La plupart d'entre nous n'oserions jamais nous considérer comme des artistes, mais nous le sommes. (...) Avec chaque *choix* que vous faites quotidiennement, vous *créez* une œuvre d'art unique. Quelque chose que vous seule pouvez faire, quelque chose de magnifique et d'éphémère. (…) C'est pour laisser votre empreinte unique et ineffaçable sur votre univers personnel que vous êtes venue au monde. C'est là votre œuvre originale. (…) Fiez-vous à votre *instinct*. Respectez vos élans créateurs, (…) et vous découvrirez que vos choix sont *authentiques,* si vous l'êtes. Bien plus, vous constaterez que votre vie est ce qu'elle doit être : un joyeux chant d'action de grâces.

Mary-Jane avait prévu de concentrer ses réflexions sur son travail, mais les mots *choix* et *confiance* la ramenèrent auprès de ses amis poissonniers. *Ces gars-là sont des artistes*, songea-t-elle. *Chaque jour, ils choisissent de créer.* Puis elle pensa tout à coup : *moi aussi, je peux être une artiste.*

Elle ouvrit ensuite le dossier qu'elle avait gardé d'un séminaire de management. C'est là qu'elle avait entendu pour la première fois le parallèle entre le travail et la prison. Elle tomba sur la photocopie jaunie d'un discours de John Gardner, qui encourageait son auditoire à reproduire et à diffuser gratuitement ses travaux. *Ses propos devaient être puissants, pour que je m'en souvienne après tout ce temps.* Elle se mit à explorer le long discours, page après page.

Le discours de John Gardner

Le passage qui intéressait Mary-Jane débutait ainsi :

> Comment expliquer que des hommes et des femmes se laissent aller, quand d'autres conservent leur vitalité jusqu'à la fin de leurs jours ? « Se laisser aller » n'est peut-être pas assez précis. J'entends par là que beaucoup, à un moment donné de leur vie, cessent d'apprendre et de progresser.

Mary-Jane releva les yeux. *Cela correspond trait pour trait à mon équipe. Et à la femme que j'étais avant...* Elle sourit à cette dernière pensée, puis reprit sa lecture.

> Répondre à cette question exige une certaine indulgence. La vie a peut-être infligé à ces personnes des difficul-

tés trop lourdes. Un événement particulier aura pu leur ôter leur assurance ou leur estime de soi. (…) Ou alors ils ont couru pendant si longtemps qu'ils en ont oublié pourquoi.

Je vous parle d'individus qui, aussi affairés qu'ils puissent paraître, ont cessé d'apprendre et de progresser. Je ne les condamne pas. La vie est dure. Parfois le simple fait de se lever le matin est un morceau de bravoure.

Nous devons prendre conscience que la plupart des actifs sont plus usés qu'ils ne le croient, plus blasés qu'ils ne veulent l'admettre.

Un grand écrivain a dit : « Il est des individus dont l'horloge s'arrête à un moment de leur vie. » Pourtant, je suis persuadé que la majorité des gens aime apprendre et progresser, et ce à tout âge. Prendre conscience de son laisser-aller est le premier pas pour rebondir. Quand son horloge s'arrête, on peut toujours la remonter.

Je sais de vous une chose que vous-même ignorez peut-être : en vous sommeillent des réserves d'énergie comme jamais on n'en a puisé, un talent et une force

FISH!

comme on n'en a jamais vu, et des choses à offrir comme vous n'en avez jamais offert.

Voilà pourquoi je me souvenais de John Gardner, songea Mary-Jane : *j'ai de nombreuses horloges à remonter – à commencer par la mienne.*
Elle passa l'heure suivante à remplir son journal, et fut ravie de constater qu'elle retrouvait une certaine sérénité. Comme elle se préparait à rentrer, elle relut ce qu'elle avait écrit et entoura la partie qui lui servirait de fil conducteur lundi matin.

En finir avec le marigot d'énergie toxique suppose que je devienne une dirigeante dans tous les sens du terme. Je devrai assumer le risque d'échouer. La sécurité absolue n'existe pas. Mais ne rien faire, c'est l'échec assuré. Je n'ai pas une minute à perdre. Ma première action consiste à choisir mon attitude. Je choisis donc l'assurance, la confiance et la foi. Je vais remonter mon horloge et me mettre en condition pour apprendre et progresser dans la joie, à mesure que j'appliquerai à mon marigot d'énergie toxique les préceptes de la « Fish-philosophie ».

FISH!

Lundi matin

À 7 h 30, elle attendait avec ses deux enfants devant le portail de la crèche. Brad y resterait avec sa petite sœur jusqu'au passage du bus scolaire. Mary-Jane se sentait un brin coupable de les y laisser de si bonne heure.

– Je vous promets que je ne prendrai pas l'habitude de vous tirer du lit si tôt, mais j'ai un projet très important à préparer au bureau.

– C'est pas grave, répondit Brad en se frottant les yeux.

– Moi j'aime bien arriver en premier, ajouta Stacy. Comme ça, on peut choisir nos jeux vidéo préférés !

Mary-Jane les inscrivit à l'accueil puis leur fit un gros câlin. Revenue à la voiture, elle vit en se retournant qu'ils étaient déjà occupés.

Le trajet fut rapide : à 7 h 55, elle était à son poste, munie d'un café fumant et d'un bloc-notes. Elle prit un stylo et écrivit en lettres capitales :

FISH!

Choisir Son Attitude

Plan d'action :
- Organiser une réunion et dire les choses clairement.
- Formuler ce nouveau concept de manière intelligible et percutante afin que tout le monde puisse se l'approprier.
- Motiver les troupes.
- Persévérer en gardant la foi.

Et maintenant, le plus difficile : qu'est-ce que je leur dis ? Elle commença à coucher ses idées sur papier.

Chaque lundi, elle faisait le point avec l'ensemble de son équipe en deux groupes séparés ; l'un assurait la permanence téléphonique pendant qu'elle rencontrait l'autre, puis on inversait les rôles.

Tandis que les collaborateurs du premier groupe prenaient place dans la salle de conférences, elle écouta les traditionnels récits de week-end et les soupirs du lundi matin. *Ce sont de braves gens*, se dit-elle, sentant son cœur s'emballer à mesure qu'ils faisaient silence. *Allez, je me jette à l'eau.*

FISH!

L'exposé de Mary-Jane

— Aujourd'hui, nous devons débattre d'un sujet grave. Le vice-président de notre groupe est ressorti d'un séminaire convaincu que First Guarantee devait gagner en dynamisme et en enthousiasme, deux facteurs qui constituent, à ses yeux, les clés d'une bonne productivité, d'un recrutement concluant, d'une compétitivité durable, de la satisfaction des clients, et de mille autres atouts nécessaires pour survivre dans un secteur en profonde mutation. Il a donc réuni les membres de la direction, devant lesquels il a qualifié le troisième étage de marigot d'énergie toxique. Je n'invente rien. Nous sommes à ses yeux un mari-got d'énergie toxique qui doit être assaini de toute urgence.

Mary-Jane nota les mines effarées de son auditoire. Adam, l'un des plus anciens, réagit sans tarder :

— J'aimerais les y voir ! On fait le boulot le plus ennuyeux du monde !

L'une des moins dynamiques du groupe enchaîna :

— Qu'est-ce que ça change, qu'il y ait de l'énergie ou pas ? On a toujours fait notre travail.

Personne n'osa contester le terme « toxique ».

FISH!

Mary-Jane poursuivit :

— Je tiens à ce que vous sachiez que cet incident ne restera pas sans suite. Oh, le vice-président va sûrement se décrisper, et Bill sera pris par d'autres choses, mais pas moi. Car, voyez-vous, je partage entièrement leur avis. Nous sommes un marigot d'énergie toxique. Les autres départements détestent collaborer avec nous. Ils nous qualifient de « bourbier ». Ils nous raillent tous les midis. Ils rient de nous dans les couloirs. Et ils ont raison. Même entre nous, on juge que cet endroit s'apparente à un cloaque. Je pense que nous pouvons, que nous devons changer tout ça. Et je compte bien vous expliquer comment.

Leur stupeur tourna à la consternation. On aurait entendu une mouche voler.

— Vous connaissez tous mon histoire : mon arrivée dans cette ville, pleine d'espoirs et de rêves avec mon mari et nos deux enfants en bas âge, puis le décès brutal de Dan ; l'assurance qui n'a couvert qu'une petite partie des dépenses, et la situation financière critique dans laquelle je me suis retrouvée…

« Ce que vous ignorez peut-être, c'est à quel point ce drame m'a meurtrie. Ceux d'entre vous qui élèvent seuls des enfants savent peut-être de quoi je parle. J'avais besoin de ce boulot, et je n'avais plus confiance en moi. Alors je me suis contentée de suivre le mouvement, de ne pas faire de vagues afin de préserver ma sécurité. Résultat : aujourd'hui je me retrouve sur la sellette, et c'est peut-être bien parce que je n'ai pas voulu faire de vagues.

« Quoi qu'il en soit, voici où nous en sommes à l'heure d'aujourd'hui : j'ai toujours besoin de ce travail, mais je refuse de passer le reste de mes jours dans un marigot d'énergie toxique. Si la mort de Dan m'a appris une chose, c'est que la vie est trop précieuse pour qu'on la gaspille en attendant la retraite. Nous passons trop de temps au bureau pour accepter qu'il parte en fumée. Autrement dit, je crois qu'on peut faire de ce service un lieu de travail agréable.

« Mais j'ai une bonne nouvelle à vous annoncer. L'un de mes amis, consultant pour une société de renommée internationale, est spécialiste des questions d'énergie. Il est prévu que vous le rencontriez. Et dès aujourd'hui, je vais vous exposer son premier précepte : *on choisit son attitude.*

Mary-Jane approfondit ce thème, puis demanda s'il y avait des questions.

Steve leva la main.

– Imagine qu'un crétin me fasse une queue-de-poisson sur la route. Ça me met en rogne, et je vais klaxonner ou même lui faire des vilains gestes, si tu vois ce que je veux dire. Je n'ai pas le choix, c'est un réflexe.

— Et si l'incident se produisait dans un quartier chaud de la ville, répliqua Mary-Jane, tu réagirais de la même manière ?

Steve sourit.

— Tu plaisantes ! Je tiens à la vie…

— Si je comprends bien, tu peux décider de tes réactions dans un quartier chaud, mais pas dans un coin tranquille ? Comment expliques-tu cela ?

Un ange passa.

— Bon, d'accord. Tu as gagné.

— Ton exemple est néanmoins excellent, Steve : nous ne pouvons pas contrôler le comportement des gens au volant, mais nous pouvons choisir notre façon d'y répondre. Ici, chez First Guarantee, si nous ne pouvons changer la nature de notre travail, nous pouvons en revanche l'aborder d'une façon différente. Aussi, j'aimerais que vous y réfléchissiez tous ensemble et que vous cherchiez des moyens de nous rappeler que ce choix s'offre constamment à nous. Bonne chance. Nos carrières en dépendent.

La réunion avec le second groupe fut assez similaire. En l'absence de questions, elle réutilisa la remarque de Steve.

FISH!

En retrouvant son bureau à 10 h 30, Mary-Jane était exténuée mais satisfaite : elle venait de faire le premier pas dans la bonne direction.

Elle vit à peine passer la semaine. Elle s'imposa de faire chaque jour le tour des bureaux pour débattre avec ceux qui le souhaitaient et, un matin, elle croisa Steve, qui lui dit :

— Bon sang ! Tu m'as bien eu lors de la réunion !

— J'espère que je ne t'ai pas mis dans l'embarras.

— Tu plaisantes ! Je te dois une fière chandelle, oui ! Tu sais, ma vie privée ne va pas fort ces temps-ci. Tu m'as rappelé que j'avais de grandes décisions à prendre, et qu'il fallait, pour cela, un minimum de self-control et de courage.

— De courage ?

— Mon couple bat de l'aile, et il y a péril en la demeure. J'ai enfin compris que jouer les victimes ne résoudrait rien. Il faut saisir le problème à bras-le-corps. Je ne peux pas t'en dire plus, car c'est très personnel.

— Je te souhaite bonne chance, Steve. Et sache que ta confiance me touche.

— On te fait tous confiance, tu sais. C'est juste qu'on a un boulot ennuyeux et qu'on essuie des reproches à longueur de temps. On se sent attaqué en permanence. Mais tiens bon, Mary-Jane ! Je suis à fond derrière toi.

FISH!

Contre toute attente, elle reçut de nombreuses marques d'encouragement de ce type. Bien qu'ils soient dans le flou quant aux modalités concrètes de l'opération, ses collaborateurs adhéraient massivement à l'idée de créer une ambiance de travail plus stimulante.

Puis l'événement se produisit le vendredi. En sortant de l'ascenseur sur le palier du troisième étage, elle découvrit, accrochée au-dessus des portes battantes, une affiche géante. Sous l'en-tête « Choisissez votre attitude » et le sous-titre « Menu au choix » figuraient côte à côte deux visages ronds, l'un souriant, l'autre grimaçant. *Ils ont tout compris !* exulta Mary-Jane en fonçant jusqu'à son bureau pour appeler Lonnie.

Elle lui rapporta l'anecdote, puis proposa qu'ils se revoient pour terminer leur discussion. Il suggéra lundi midi, mais Mary-Jane refusait de patienter jusque-là. Alors ils convinrent de se retrouver au marché samedi matin, avec ses deux enfants.

FISH!

Samedi au marché aux poissons

Le samedi étant, à égalité avec le dimanche, la plus grosse journée de la semaine, Lonnie lui avait demandé de venir de bonne heure. Mary-Jane avait naïvement proposé d'arriver dès l'ouverture, avant d'apprendre que son ami commençait à 5 heures. Pour finir, ils s'étaient donné rendez-vous à 8 heures.

Brad et Stacy montèrent en voiture encore somnolents, mais le temps de s'enfoncer dans les rues de Seattle et de trouver une place de stationnement, ils étaient frais comme des gardons et bombardaient leur mère de questions :

– Où est-ce qu'ils trouvent le poisson ? C'est des gros poissons ? Ils ont des requins ? Y'aura d'autres enfants ?

Comme la petite famille descendait la rue jusqu'à Pike Place, Mary-Jane fut frappée par le silence du lieu. Elle repéra tout de suite Lonnie derrière des étals parfaitement ordonnés. Chaque sorte de poisson ou de fruit de mer avait son propre bac rempli de glace, avec un écriteau mentionnant l'espèce, le prix, parfois quelques indications supplémentaires. L'un des bacs contenait seulement de la glace.

– Bonjour ! lança Lonnie avec son inaltérable sourire. Et qui sont ces deux poissonniers ?

FISH!

Mary-Jane fit les présentations. Lonnie salua les enfants puis décréta qu'il fallait se mettre au travail. Quand Mary-Jane produisit son calepin, il lui retint doucement la main.

– Non, pas ce travail-là. Je me disais que vous trois pourriez m'aider à finir d'installer le stand.

– Cool ! dit Brad.

– Je n'ai pas trouvé de bottes à votre taille, mais j'ai trois tabliers prêts à servir. Tenez, enfilez-les et on va décharger le poisson.

Voyant l'air dérouté de Stacy, Mary-Jane laissa Brad visiter la chambre froide avec Lonnie pendant qu'elle promenait sa fille dans les allées. Au bout d'un quart d'heure, Lonnie et Brad revinrent en poussant un gigantesque chariot rempli de poissons. Plus exactement, Lonnie poussait le chariot, tandis que Brad s'accrochait à la poignée, les pieds touchant à peine le sol.

JOUER

– Eh, maman, c'est la folie, là-bas ! Y'a au moins un million de poissons ! Pas vrai, Lonnie ?

Lonnie hocha la tête en riant, puis déclara d'un air sérieux :

– On doit disposer ces poissons avant l'ouverture du marché, mon pote. T'es prêt à me filer un coup de main ?

Brad était au septième ciel. Il aida Lonnie à soulever des thons, que celui-ci couchait ensuite sur la glace des bacs, soigneusement alignés. Les poissons étaient presque aussi grands que Brad, et Mary-Jane regrettait de ne pas avoir emporté d'appareil photo. Lonnie et Brad formaient une sacrée paire. De temps en temps, l'homme faisait le pitre – il feignait par exemple de s'être fait mordre par une sole –, et le garçonnet éclatait de rire. Quand il ne resta d'espace que pour deux derniers poissons, Lonnie laissa Brad agir comme un grand, se contentant de l'aider à soulever les bêtes. À cet instant, si Brad avait dû choisir son héros préféré, il aurait à coup sûr élu Lonnie.

– Maintenant, c'est à ta mère de travailler. Sortez votre calepin, Mary-Jane, et Brad va vous livrer le deuxième ingrédient d'un lieu de travail dynamique.

– Brad ?

– Bien sûr. Le deuxième ingrédient sélectionné par notre bande de poissonniers est une chose que tous les gosses connaissent, une chose dont, malheureusement, nous oublions l'importance avec l'âge et les responsabilités. Brad, dis à ta mère ce que tu fais à la récré.

FISH!

– Je joue ! s'exclama l'enfant.

Mary-Jane ouvrit son calepin et écrivit : « Jouer ! » Puis elle se remémora la scène qu'elle avait surprise le premier jour. Oui, on aurait bel et bien dit un terrain de jeux peuplé de gamins. Ils se lançaient des poissons, plaisantaient entre eux ou avec les clients, hurlaient leurs commandes, reprenaient les annonces en chœur. Une véritable cour de récréation…

– Mais attention, dit Lonnie, nous n'oublions pas que nous sommes ici pour gagner de l'argent. Notre entreprise fait vivre de nombreux salariés, et nous prenons notre travail à cœur. Simplement, nous avons découvert qu'on pouvait faire son travail sérieusement sans se prendre soi-même au sérieux. Et les bienfaits sont multiples : nous vendons énormément ; nous nous épanouissons dans un cadre pourtant ingrat ; nous sommes devenus d'excellents amis, soudés comme les joueurs d'une équipe championne ; nous sommes très fiers de notre travail et de notre façon de l'accomplir ; et nous avons acquis une renommée internationale. Tout cela, en faisant ce que Brad fait de la façon la plus naturelle qui soit : jouer !

– Dis, maman, intervint Brad, pourquoi tu n'amènerais pas ici les gens du bureau pour que Lonnie leur apprenne à jouer ?

ILLUMINER LEUR JOURNÉE

Mary-Jane fut soudain interpellée sur sa droite.

– Eh, madame la journaliste, vous m'achetez un poisson ?

L'un des associés de Lonnie s'était approché, une énorme tête de poisson à la main.

– Croyez-moi, c'est une affaire. Il lui manque quelques parties mais le prix est imbattable. (Il dessina un sourire sur la bouche du poisson). J'appelle ça un « sushi-sourire ». Je vous le fais à un cent.

Il la fixait avec des yeux pleins de malice.

Brad voulut tout de suite porter l'objet, tandis que Stacy se cachait dans les jupes de sa mère. Mary-Jane sortit une pièce et la tendit au dénommé Wolf. À l'évidence, celui-ci devait son surnom à ses cheveux hirsutes et son regard perçant. Mais ce loup-ci était apprivoisé. Il avait même un petit côté grand-papa-gâteau. Wolf emballa le sushi-sourire dans un sac plastique et le tendit à Brad, aux anges. La petite Stacy, qui n'avait pas ouvert la bouche de la matinée, réclama la même chose que son frère. Wolf revint avec deux autres têtes, et chacun eut droit à son sushi-sourire.

– Je dois te remercier, Wolf, dit Lonnie. Tu viens de nous montrer le troisième ingrédient nécessaire pour bâtir un marché dynamique et mondialement célèbre.

– Vraiment ? demanda Mary-Jane.

– Si vous songez à vos deux première visites, qu'est-ce qui vous vient immédiatement à l'esprit ?

– Je me souviens d'une jeune femme rousse, âgée d'une vingtaine d'années. Elle avait grimpé sur la plate-forme pour tenter d'attraper des saumons au vol. Ils lui glissaient des mains et elle dut s'y reprendre à trois fois.

– Et pourquoi cela vous a-t-il autant marquée ?

– Elle s'amusait comme une folle, et le public s'identifiait à elle. On s'imaginait tous à sa place.

– Et que pensez-vous que Brad retiendra de cette journée ?

– Il aura fait des choses de grand, visité la chambre froide, et travaillé avec vous.

– Chez nous, on appelle ça : *illuminer leur journée.* On cherche par tous les moyens à laisser de bons souvenirs aux clients. Notre approche ludique du travail nous permet d'aborder les gens d'une manière originale. Nous n'essayons pas de nous démarquer d'eux, mais au contraire de les associer à nos jeux, en les prenant tels qu'ils sont. Et quand on y parvient, on illumine leur journée.

Mary-Jane rouvrit son calepin, nota : « illuminer leur journée », et se mit à réfléchir. *Ils vont au-devant des gens et les invitent à jouer avec eux. Les clients aiment participer au spectacle, et ils en gardent un souvenir impérissable. Quant à Lonnie et ses amis, leur désir de satisfaire la clientèle entretient leurs sentiments positifs.*

– Ici, la planète terre !

Lonnie, Brad et Stacy la fixaient avec des yeux ronds.

– Excusez-moi, je méditais sur la puissance de cet ingrédient. J'aimerais tant que nous trouvions une façon d'illuminer les journées chez First Guarantee…

– Le marché vient d'ouvrir, annonça Lonnie. Allons poursuivre notre discussion plus loin. Vous avez faim, les enfants ?

– Ouais ! répondirent-ils à l'unisson.

ÊTRE PRÉSENT

Ils s'installèrent à une table de l'autre côté de la rue et commandèrent deux cafés, deux chocolats chauds et des roulés à la confiture. Le marché se remplissait à vue d'œil, et Lonnie invita Mary-Jane à observer le comportement de ses camarades, afin de deviner le quatrième ingrédient. Alors, elle étudia chaque poissonnier l'un après l'autre, fascinée par leur bonhomie et leur décontraction. Puis elle observa ceux qui n'étaient pas occupés à une tâche précise : ils scrutaient la foule, guettant la première occasion d'entrer en scène.

En fait, c'est un mauvais souvenir de la veille qui mit Mary-Jane sur la voie. En début de soirée, elle s'était rendue au supermarché avec ses enfants qui tombaient de sommeil. Une fois à la caisse, elle avait dû attendre pour être servie que le caissier termine de décrire à son collègue les aménagements qu'il venait d'effectuer sur sa voiture. L'attente lui avait paru interminable, avec ses deux enfants qui grognaient et tiraient sur sa robe. *Jamais on ne verrait ça ici,* songea-t-elle. *Les gars sont présents. Ils s'investissent complètement dans leur travail. Je me demande même s'il leur arrive de rêvasser.*

Elle soumit sa réponse à Lonnie.

– Bravo ! répondit ce dernier. Je savais que vous y arriveriez. Le marigot d'énergie toxique n'a qu'à bien se tenir !

Ils rirent de bon cœur, puis il poursuivit :

– Un jour, je faisais la queue au rayon boucherie d'un magasin et les vendeurs s'amusaient bien. Détendus, souriants. Sauf qu'ils s'amusaient entre eux, mais sans moi. S'ils m'avaient associé à leurs réjouissances, c'eût été parfait. Mais il leur manquait un ingrédient clé : la présence. Ils n'étaient pas présents pour moi.

Mary-Jane rouvrit son calepin et inscrivit : « Être présent. » Puis soudain, elle s'aperçut que Lonnie paraissait lui-même distrait.

– Je dois y aller, dit-il. Les gars acceptent volontiers de me couvrir, mais je ne voudrais pas abuser. Tout de même, avant de partir, j'aimerais vous donner un dernier conseil.

– Je suis tout ouïe.

– À mon avis, il est fondamental que vos collaborateurs découvrent la Fish-philosophie par eux-mêmes. Je doute qu'il suffise de la leur expliquer. Brad a eu une riche idée en proposant de les amener ici.

– Vous et Brad formez un sacré tandem, répondit-elle en se levant. Je vais réfléchir à tout ça. Merci pour tout, Lonnie. Vous avez illuminé notre journée.

Brad parla sans discontinuer sur le chemin du retour. Mary-Jane l'écoutait, en même temps qu'une drôle d'idée germait dans sa tête. Elle sourit et choisit de l'oublier jusqu'à lundi.

FISH!

Dimanche après-midi

Mary-Jane profita de sa pause dominicale pour reprendre son journal et développer ses idées.

CHOISIR SON ATTITUDE – Je pense que nous avons pris un bon départ sur ce terrain-là. Le « menu » de mon équipe était une idée géniale, et un signe évident de progrès. Sans choisir son attitude, le reste est inutile. Je dois continuer d'explorer et de promouvoir cet ingrédient.

JOUER – Le marché aux poissons est un terrain de jeux pour adultes. Si Lonnie et ses copains s'amusent autant en vendant du poisson, alors tout est possible chez First Guarantee.

ILLUMINER LEUR JOURNÉE – Les clients sont invités à prendre part à la fête. Il règne une atmosphère de participation et d'échange, soit tout le contraire de mon poste à Los Angeles, où mon patron me considérait comme un vulgaire dictaphone et se réservait tout le travail intéressant.

FISH!

ÊTRE PRÉSENT – Les poissonniers du marché sont entièrement présents. Ils ne passent par leur temps suspendus au téléphone ou perdus dans leurs pensées. Ils scrutent la foule et cherchent l'échange avec les chalands. Ils me parlent comme à une vieille amie.

Lundi matin

En entrant dans l'ascenseur, elle remarqua que Bill la talonnait. *Ça m'évitera un voyage jusqu'à son bureau,* songea-t-elle. La cabine étant bondée, ils n'engagèrent pas la conversation, mais quand les portes s'ouvrirent sur le troisième étage, elle se retourna et tendit à son chef un sac plastique duquel s'échappait une odeur caractéristique.

– Cadeau, Bill. Ça s'appelle un sushi-sourire.

– Mary-Jane ! eut-il juste le temps de tonner avant la fermeture des portes.

Quelques secondes plus tard, le téléphone sonnait dans le bureau de la jeune femme.

– Surprenant, votre cadeau ! dit Bill d'une voix d'où perçait un brin d'amusement.

Elle lui raconta sa matinée de samedi.

– Persévérez, Mary-Jane. Je vois mal le rapport

entre un marché aux poissons et First Guarantee, mais si vous arrivez à me faire sourire avec la journée qui m'attend, c'est que vous tenez quelque chose.

Mary-Jane percevait un net changement dans sa relation avec Bill. *À mon avis, ses collaborateurs osent rarement lui tenir tête*, songea-t-elle. *Et, curieusement, je crois qu'il apprécie le fait que je ne me laisse pas intimider.*

Le voyage d'études

Lundi matin, devant le premier groupe, elle alla droit au but :

– Vos efforts pour nous rappeler qu'on peut chaque jour choisir son attitude m'ont impressionnée et fait chaud au cœur. Ce « menu au choix » était une idée géniale, et tout le bâtiment en parle. Enfin des commentaires positifs !

« L'heure est venue de franchir une nouvelle étape. Il y a une expérience que j'aimerais tous vous voir faire, aussi je vous emmène en voyage d'études. Nous partirons à l'heure du déjeuner, mercredi pour ce groupe-ci, jeudi pour le second. Les casse-croûte seront fournis, et vous n'avez rien d'autre à apporter que vos propres personnes.

FISH!

« Beaucoup connaissent notre destination. Nous allons visiter un marché aux poissons un peu particulier et prendre une vraie leçon de dynamisme. Les gars qui y travaillent ont su résoudre des problèmes semblables aux nôtres, et votre mission sera de découvrir – et d'adapter – les secrets de leur réussite.

Les objections ne se firent pas attendre :

– J'ai un rendez-vous chez le dentiste.

– J'ai un déjeuner de prévu.

Ce à quoi Mary-Jane répondit, avec une assurance qui la surprit elle-même :

– Je compte sur vous pour prendre toutes les dispositions nécessaires afin d'être présents ce jour-là. C'est très important.

Le mercredi venu, le premier groupe se rassembla dans le hall et prit le chemin du marché.

– Tout ce que je vous demande, dit Mary-Jane, est de bien observer ce que vous allez voir.

Et d'ajouter, hilare :

– Un conseil : gardez votre yaourt à portée de main !

Le marché était en pleine effervescence quand ils arrivèrent, et le groupe se dispersa rapidement. Cela n'aida guère Mary-Jane à étudier les réactions de ses collaborateurs, mais elle repéra tout de même quelques mines ravies. Surprenant John et Steve en grande conversation avec l'un des poissonniers, elle s'approcha pour les écouter.

– Être présent, expliquait le marchand aux cheveux roux, c'est regarder son interlocuteur droit dans les yeux, comme si c'était votre meilleur ami. Le monde peut bien s'écrouler autour de vous, vous n'avez d'yeux et d'oreilles que pour lui.

Le lendemain vint le tour du second groupe. Bien entendu, il avait eu des échos du premier, si bien qu'il se montra plutôt passif, jusqu'à ce que Stephanie, une ancienne du service, fût invitée derrière le comptoir pour attraper un poisson. Quoique réticente au départ, elle se prêta au jeu. Un premier projectile, puis un second lui glissèrent des mains, à la grande joie du public et de ses collègues. Au troisième essai, elle réussit un arrêt magistral, aussitôt couronné de vivats, d'applaudissements, et de sifflets. Lonnie et consorts avaient illuminé sa journée.

La joie de Stéphanie agit comme un déclic auprès des autres. Tandis que les poissons volaient au-dessus des têtes, la bande de First Guarantee fit davantage que lever des yaourts au ciel…

FISH!

Les réunions du vendredi après-midi

À la veille du week-end, Mary-Jane réunit séparément les deux groupes.

– Ne serait-ce pas merveilleux de travailler dans une ambiance aussi ludique que Pike Place Fish Market ? demanda-t-elle.

Il y eut quelques hochements de tête rêveurs ; chacun revoyait les lancers de poissons. Stephanie arborait le plus grand sourire de tous. Puis l'enchantement fit place au scepticisme :

– Mais on ne vend pas de poissons, nous ! objecta Mark.

– Que veux-tu qu'on lance ? renchérit Beth.

– C'est un truc de mecs, fit valoir Ann.

– Notre travail est rasoir au possible, commenta un autre.

– On peut lancer les dossiers clients, proposa un plaisantin.

– Vous avez raison, répondit Mary-Jane. Nous ne faisons pas le même métier. Mais la question que je pose est celle-ci : aimeriez-vous travailler dans un lieu aussi dynamique que le Pike Place Fish Market ? Un lieu où l'on sourit facilement. Un lieu où l'on porte un regard positif sur ce que l'on fait et la façon dont on le fait. Un lieu qui donne envie de se lever chaque matin. Vous m'avez déjà montré que l'on pouvait choisir son attitude de bien des façons. Aimeriez-vous allez plus loin ?

Stephanie prit la parole :

– J'ai de l'estime pour les gens qui travaillent ici. Mais je déteste venir au bureau. L'air y est irrespirable. On se croirait à la morgue. Pour tout vous dire, j'ai même commencé à chercher un autre emploi. Mais si nous parvenions à insuffler un peu de vie entre ces murs, alors ce serait une tout autre ambiance de travail, et je n'aurais plus envie de partir.

– J'apprécie ta franchise, répondit Mary-Jane.

Randy leva la main.

– L'autre jour, Mary-Jane, tu as évoqué ta situation personnelle. C'était la première fois que je voyais ça de la part d'un chef de service, mais surtout, ça m'a fait réfléchir. J'élève seul mon fils, et j'ai grand besoin de cet emploi et des avantages qui vont avec. Je n'aime pas faire de vagues, et pourtant j'avoue que j'ai tendance à me défouler sur les collègues des autres départements. Ils donnent l'impression de se la couler douce pendant qu'on trime. Mais grâce à toi, j'ai compris que c'est notre comportement qui fait de cet endroit ce qu'il est. Or, si nous pouvons choisir d'en faire un bourbier, c'est que nous pouvons aussi choisir autre chose, non ? Voyez-vous, cette perspective me passionne.

FISH!

Car si j'apprends à m'épanouir dans mon travail, j'y parviendrai peut-être aussi dans ma vie privée.

– Merci, répondit Mary-Jane avec une émotion contenue. Tu viens de dire une chose très importante, et ces mots qui venaient du cœur nous ont beaucoup touchés. Merci beaucoup. Bâtissons un lieu de travail agréable, un endroit où il fera bon vivre.

« Dès lundi, nous verrons comment appliquer la Fish-philosophie à notre étage. D'ici là, j'aimerais que vous réfléchissiez à votre propre vision du marché aux poissons et que vous mettiez par écrit toutes les questions ou les suggestions qu'il vous inspire.

Le plaisantin intervint à nouveau :

– Si on ne peut pas lancer les dossiers clients, on peut au moins lancer les confettis du broyeur de documents !

Un rire parcourut la salle. *Ça fait du bien,* se dit Mary-Jane.

Elle leur distribua la photocopie d'un mémo qu'ils lurent ensemble. Puis elle invita de nouveau ses collaborateurs à noter leurs réflexions pendant le week-end.

Au sortir de la seconde réunion, elle regagna son bureau et se laissa tomber dans son fauteuil, exténuée. *Je leur ai prescrit un bon exercice de*

FISH!

réflexion. Mais le feront-ils ? Comment pouvait-elle deviner que presque un quart de ses effectifs déciderait de retourner au marché ce week-end-là, et souvent en famille ou entre amis ?

FISH!

Le mémo de Marie-Jane

Choisir son attitude – Les gars du marché ont compris que l'on choisit chaque jour son attitude. L'un deux a demandé : « Quand tu agis comme tu le fais, qui deviens-tu ? Un être aigri et blasé, ou une vedette internationale ? » Qui voulons-nous être au travail ?

Jouer – Les gars du marché s'amusent en travaillant, et cela dope leur dynamisme. Comment rendre notre travail plus ludique et développer notre énergie ?

Illuminer leur journée – Les gars du marché associent les clients à leurs jeux. Ces échanges sont eux-mêmes générateurs d'énergie et de bonne volonté. Qui sont nos clients et comment pouvons-nous illuminer leur journée ? Et entre nous, comment pouvons-nous mutuellement illuminer nos journées ?

Être présent – Les gars du marché sont tout à ce qu'ils font. En quoi leur exemple peut-il nous aider à être plus présents les uns pour les autres comme vis-à-vis des clients ?

**Merci de nous livrer
vos réflexions lundi.**

M.-J. R.

FISH!

Ce week-end-là, au marché aux poissons

– La maîtresse vous a donné des devoirs ?

Stephanie leva les yeux et vit à la fois un poisson volant et la mine joviale de Lonnie.

– Oui, on peut dire ça.

– Et la maîtresse s'appelle Mary-Jane, je présume ?

– Comment le savez-vous ?

Sa question fut à moitié recouverte par un poissonnier criant : « Et trois saumons pour Paris ! » avec un mauvais accent français. Mais Lonnie semblait avoir compris la question. *Pas étonnant qu'ils soient si présents. Il faut bien l'être pour entendre quelque chose dans ce brouhaha.*

– Vous faisiez partie d'un des groupes de Mary-Jane. Et vous êtes aussi la première femme-yaourt que j'ai vue intercepter un poisson.

– Ah bon ?

– Hé oui ! Que puis-je faire pour vous ? Vous m'avez l'air perplexe.

Elle consulta ses notes.

– Je crois que j'ai compris l'idée d'*être présent :* c'est ce que vous faites en ce moment même. Quant à ce poisson que j'ai attrapé... Je n'oublierai jamais comment vous avez illuminé ma journée. *Jouer ?* C'est une chose qui me vient naturellement. En revanche, *choisir son attitude* demeure un peu obscur. Il me semble que notre attitude est surtout déterminée par les circonstances, non ?

— Je sais qui pourra répondre à cette question mieux que personne : Wolf. Il s'apprêtait à devenir pilote de formule 1 quand il fut victime d'un terrible accident. Mais je préfère lui laisser le soin de tout vous raconter. Allons le trouver dans la chambre froide. Vous êtes assez couverte ?

— On peut se joindre à vous ?

Stephanie se retourna et vit Steve, Randy et un adorable bambin. Les présentations faites, ils se rendirent tous auprès de Wolf, qui leur expliqua comment il avait appris, durant sa convalescence, à choisir chaque jour son attitude. Ses paroles marquèrent profondément le trio, qui se promit de les rapporter aux collègues lundi matin.

Steve dut ensuite prendre congé, tandis que Stephanie, Randy et son fils s'installèrent dans le bar de l'autre côté de la rue. Les deux adultes commandèrent un café et l'enfant un gros muffin aux pépites de chocolat.

— Tu sais, dit Stephanie, on ferait aussi bien de purger notre marigot d'énergie toxique, car rien ne dit que notre prochain emploi sera différent. Et puis franchement, tu connais beaucoup de chefs comme Mary-Jane ? Quand on pense à ce qu'elle a enduré... On murmure qu'elle a rembarré cet imbécile de Bill Walsh, alors que tous les chefs de département s'écrasent devant lui. Ça force le respect, non ?

– Tu me retires les mots de la bouche, Stephanie. Si les gars du marché en sont arrivés là, alors je me dis qu'on peut décrocher la lune avec une chef comme Mary-Jane. Mais ça ne veut pas dire que ce sera facile. Certains collègues demeurent aussi sceptiques que moi au départ. Ils le sont parce qu'ils ont peur, et je me dis qu'on pourrait les aider en montrant l'exemple. Ce dont je suis sûr, c'est que la situation ne changera que lorsque nous aurons décidé de la changer – et c'est bien ce que je compte faire.

En regagnant sa voiture, Stephanie aperçut Betty et son mari. Elle leur fit signe, puis repéra trois autres collègues dans la foule. *Parfait !* songea-t-elle.

Le plan prend forme

La salle de conférences bourdonnait alors que le premier groupe prenait place en ce lundi matin. Mary-Jane ouvrit la réunion en déclarant :

– Nous sommes ici pour purger ce que d'aucuns appellent un marigot d'énergie toxique. Aujourd'hui, nous allons terminer de recenser ce que le marché aux poissons nous a appris, puis nous préparerons les prochaines étapes. Quelqu'un souhaite-t-il nous soumettre ses réflexions du week-end ?

Stephanie et Randy se levèrent d'un bond et se succédèrent pour raconter leur entrevue avec Wolf.

– Wolf était vraiment sympa, commença Stephanie, même s'il nous faisait un peu peur au début, avec sa voix rauque. Cet homme était promis à une belle carrière dans la formule 1 quand un stupide accident a brisé ce rêve. Suite à ce drame, il s'est apitoyé sur son sort pendant un certain temps, jusqu'à ce qu'il comprenne, après avoir perdu sa fiancée et ses amis, qu'il se trouvait face à une alternative très simple. Soit il choisissait de vivre, et de vivre pleinement, soit il baissait les bras et laissait filer ses opportunités les unes après les autres. Il a opté pour le premier choix, qu'il renouvelle chaque matin au lever du lit. C'est une belle histoire, n'est-ce pas ?

– Mon fils a été fasciné par Wolf, poursuivit Randy. Son histoire m'a fait comprendre le pouvoir que nous avions sur notre environnement. Il ne tient qu'à nous de faire du troisième étage un lieu dynamique et convivial. Nous devons chaque jour choisir notre attitude, et la choisir bien.

– J'ai l'impression que vous n'avez pas chômé ce week-end. Et j'apprécie que vous ne réclamiez pas le versement d'heures sup !

La vague de rires passée, elle reprit :

– Qui d'autre souhaite nous faire part de ses réflexions ?

Quarante-cinq minutes plus tard, Mary-Jane décida de clore le débat.

– Il s'agit à présent de définir un plan d'action. Des idées ?

– Et si l'on constituait un groupe de travail pour chaque ingrédient ? proposa l'un des plus jeunes du service.

Sa proposition sembla faire l'unanimité.

– Très bien, dit Mary-Jane. Nous procéderons ainsi, si toutefois la seconde équipe est d'accord. Je vais d'ores et déjà faire circuler une feuille pour que vous vous inscriviez dans le groupe de votre choix. Si les autres approuvent cette idée, je vous ferai parvenir une feuille de route dès demain. Avez-vous quelque chose à ajouter ?

La seconde équipe applaudit l'idée des deux mains et parut satisfaite de disposer enfin d'un plan d'action concret.

FISH!

Les groupes se mettent au travail

Devant le flot de candidatures pour le groupe « Jouer », Mary-Jane dut déployer ses talents de négociatrice :

– J'offrirai un tee-shirt de Pike Place Fish Market aux trois premiers volontaires pour les groupes « Choisir son attitude » ou « Être présent » !

Une fois l'équilibre atteint, elle rédigea une feuille de route récapitulant les grandes directions de travail et les objectifs visés.

FEUILLE DE ROUTE

- Chaque groupe dispose de six semaines pour se rencontrer, étudier son thème, glaner des informations complémentaires, et préparer un rapport qui sera présenté devant les deux équipes, que je réunirai en assemblée générale à l'extérieur des locaux.

- Chaque rapport devra contenir des propositions d'actions concrètes et immédiatement applicables.

- Chaque groupe définit son calendrier de travail, dans la limite de deux heures hebdomadaires.

FISH!

Des dispositions devront être prises pour relayer le travail des personnels en réunion.

- Chaque groupe dispose d'un budget de 200 dollars qu'il gère à discrétion.

- Je me tiens à votre disposition pour intervenir en cas de blocage, mais je préférerais que chaque groupe résolve ses problèmes en interne.

Bonne chance !

Bâtissons un lieu où il fera bon travailler !

M.-J. R.

Les groupes au rapport

Six semaines s'étaient écoulées depuis les premières réunions de travail. L'heure des rapports avait sonné. Mary-Jane avait demandé à Bill si des employés d'autres départements pouvaient exceptionnellement remplacer ses collaborateurs afin qu'elle puisse les réunir au complet. Bill l'avait surprise en répondant qu'il s'en chargerait personnellement.

– Je ne sais pas ce que vous fabriquez, avait-il dit, mais je perçois déjà un regain d'énergie au troisième. Persévérez dans cette voie, et n'hésitez pas à me solliciter en cas de besoin.

Mary-Jane était un brin nerveuse. Chaque groupe avait demandé à la rencontrer au moins une fois, et elle s'était efforcée de les aider tout en évitant l'excès d'ingérence. Ils avaient commandé des livres et réservé des salles, mais elle ignorait totalement la teneur de leurs conclusions.

À 9 heures, ce matin-là, ils partirent à pied pour l'hôtel Alexis dès que Bill fut arrivé avec la relève.

– Bonne chance, dit-il à Mary-Jane.

Ils furent aussitôt conduits à la salle dite « du Marché ». *On ne pouvait mieux tomber,* songea-t-elle. Elle avait programmé le groupe « Choisir son attitude » en dernier, car elle préférait conclure sur l'ingrédient qui fédérait les trois autres.

Son cœur fit un bond quand elle pénétra dans la salle. La pièce était un océan de couleurs, de musique et d'énergie. Des ballons de baudruche ornaient chaque chaise et de somptueuses compositions florales égayaient les allées. Ils ont vraiment joué le jeu, constata-t-elle. Ils ont remonté leurs horloges. Mais la plus grande surprise l'attendait au fond de la salle, dans sa tenue de poissonnier : Lonnie. Elle prit place à côté de lui et le spectacle put commencer.

FISH!

Le groupe « Jouer »

Un des membres du groupe « Jouer » réclama le silence puis invita l'assistance à se rapprocher.

– Notre rapport prend la forme d'un jeu auquel nous allons tous participer, indiqua Betty, porte-parole de l'équipe.

Ses camarades et elle avaient tracé un chemin formé de disques de papier coloré. Sur chacun était mentionné un élément de leur conclusion. Chaque fois que la musique s'arrêtait, une personne était invitée à lire le texte sous ses pieds. Il y avait deux types de messages : les résultats escomptés et les moyens d'y parvenir. Du beau travail, songea Mary-Jane.

Les bienfaits du jeu

- Les gens épanouis sont aimables.
- Le plaisir est source de créativité.
- Le temps passe plus vite en jouant.
- Le jeu est bon pour la santé.
- Le travail devient une récompense, un but, et non un simple moyen.

FISH!

Développer le jeu au troisième étage

- Dresser des panneaux indiquant : Vous êtes sur un terrain de jeu. Attention : grands enfants.
- Lancer le concours de la blague du mois, avec tableau d'affichage.
- Mettre davantage de couleurs aux murs et égayer l'environnement visuel.
- Ajouter de la vie avec un aquarium et des plantes vertes.
- Organiser des événements insolites tels que des pièces de théâtre à l'heure du déjeuner.
- Suivre des séminaires de créativité.
- Délimiter un espace de création baptisé le « Bac à sable ».
- Constituer une commission permanente du jeu afin d'encourager la production d'idées.

FISH!

Le groupe « Illuminer leur journée »

Le deuxième groupe invita d'abord ses collègues à faire une pause-café pendant qu'on réinstallait la salle. Puis ils furent rappelés à l'intérieur et divisés en petites équipes autour des membres du groupe de travail. Stephanie livra ses instructions :

– Chaque équipe a quarante-cinq minutes pour formuler une liste de stratégies visant à faciliter le travail d'une population bien précise, celle de nos donneurs d'ordre au sein des autres départements. Mais je vais au préalable vous soumettre quelques données. Voici les résultats d'une enquête de satisfaction menée auprès de nos collègues des autres services. Respirez d'abord un grand coup, car vous allez en prendre pour votre grade.

Elle projeta un premier transparent, et un murmure de stupeur parcourut la salle.

FISH!

Conclusions de l'enquête de satisfaction

1. Nos collègues détestent avoir affaire à nous. Ils nous appellent « les somnambules » tant nous donnons l'impression d'être ailleurs. Ils préféreraient encore une bonne prise de bec plutôt qu'un accueil aussi morne.

2. Nous effectuons un travail correct, mais nous ne proposons jamais à nos collègues de les aider à mieux servir leurs clients. Nous faisons notre boulot, point final.

3. Ils ont toujours l'impression de nous déranger.

4. Nous n'hésitons pas à renvoyer les clients sur d'autres collègues sans manifester le moindre intérêt pour leurs problèmes. Nous donnons l'impression de fuir les responsabilités.

5. Nos collègues nous reprochent, non sans humour, d'embouteiller l'ascenseur à 16 h 30 précises.

6. Nos collègues s'interrogent sur notre implication réelle au sein de l'entreprise.

> **7.** Nous représentons aux yeux de certains le « stade ultime de la décadence ».
>
> **8.** On évoque déjà la possibilité de supprimer notre département au profit d'un prestataire externe.

– Notre première réaction fut un mélange de stupeur et de colère, confia Stephanie. Puis nous avons peu à peu accepté de voir les choses en face. Toutes les excuses du monde ne changeront rien au jugement de nos collègues. La seule question qui vaille est la suivante : qu'allons-nous faire pour y remédier ?

L'un de ses coéquipiers la relaya au micro :

– Je doute que nous mesurions le rôle central de notre travail au sein de First Guarantee. Beaucoup comptent sur nous, et ils ont l'air malin quand nous leur faisons faux bond ou que nous traînons des pieds. Le fait que nous ayons souvent d'autres obligations et que nos salaires ne soient pas bien élevés n'est pas leur problème. Ils sont là pour servir les clients qui font vivre l'entreprise – or ils nous voient comme un frein à la qualité de leur propre service.

FISH!

– Il nous faut de nouvelles idées, et vite ! reprit Stephanie. Aidez-nous à sortir les pieds du marigot d'énergie toxique et à illuminer la journée des clients. Je le répète, chaque équipe dispose de quarante-cinq minutes pour formuler un maximum d'idées. Vous pouvez vous asseoir et commencer. Dans un deuxième temps, les membres de notre groupe présenteront les idées émises.

Il y eut un petit moment de silence, puis les équipes s'attelèrent à la tâche, encore portées par la dynamique de la première présentation.

Au terme du délai imparti, Stephanie proposa une pause de dix minutes, afin que les rédacteurs de chaque équipe puissent synthétiser leurs notes. Puis elle rappela les gens dans la salle et annonça :

– Les gagnants de la journée sont ceux de la table numéro 4 !

Les lauréats avancèrent à la tribune, et se virent remettre des badges estampillés « Illuminateurs de journée ». De plus petits badges furent distribués au reste du public. Puis on étudia le rapport de l'équipe 4.

FISH!

Les vertus du principe
« Illuminer leur journée »

- C'est bon pour les affaires.

- Bien servir le client nous procurera la satisfaction qu'éprouvent ceux qui se tournent vers les autres. Cela nous distraira de nos problèmes et redorera notre blason. C'est sain, agréable, et porteur d'énergie.

La mise en œuvre

- Diversifier nos horaires afin d'assurer une présence entre 7 heures et 18 heures. Ce sera bénéfique pour nos clients, comme pour ceux d'entre nous qui ont des contraintes particulières.

- Constituer des groupes de travail pour étudier les besoins de nos clients et collègues des autres services, au besoin par catégorie.

- Créer deux prix, l'un mensuel et l'autre annuel, décernés par un jury pour récompenser la meilleure qualité de service.

- Associer nos clients/collègues à une commission d'évaluation qualitative.

- Désigner une brigade spéciale chargée de surprendre et d'émerveiller nos clients/collègues.

- Inviter, une fois par mois, nos principaux clients/collègues à « jouer avec nous ».

- Étudier la possibilité d'adopter le « moment de vérité » mis en place par Scandinavian Airlines. Le but : faire en sorte que chaque transaction avec un client se révèle positive.

Mary-Jane jubilait en silence. *S'ils s'impliquent autant, nous allons révolutionner le troisième étage ! Stephanie est enflammée, et son groupe semble partager son enthousiasme. Nous allons y arriver ! J'en suis sûre à présent.* Du coin de l'œil, elle vit que Lonnie avait l'air réjoui.

Le groupe « Être présent »

L'avant-dernier groupe choisit une tout autre approche, ce qui apporta un changement de rythme bienvenu. Sur fond de musique douce, une jeune femme invita ses collègues à fermer les yeux et à se détendre pendant une minute.

FISH!

– Respirez profondément pendant que je vous guide à travers une série d'images qui nous aideront à être pleinement présents.

Quand elle eut terminé, elle dit :

– Des camarades de mon groupe vont à présent vous livrer quelques pensées. Restez détendus, respirez bien, et gardez les yeux fermés.

Suivirent quelques extraits d'ouvrages de développement personnel, dont l'un disait ceci :

Le passé est de l'histoire ancienne

L'avenir est un mystère

Aujourd'hui est un cadeau

C'est pourquoi nous l'appelons le présent.

John conta ensuite une anecdote personnelle :

– J'ai longtemps vécu sur les chapeaux de roue, à me démener comme un chien pour joindre les deux bouts. Un jour, ma fille m'a demandé de l'emmener au parc. J'ai répondu que je n'avais pas le temps, mais qu'on irait dès que possible, promis juré. Seulement, il y avait toujours quelque chose pour me retenir, et je reportais ma promesse de semaine en semaine, de mois en mois.

Avec des trémolos dans la voix, il avoua que quatre années s'étaient écoulées sans qu'il ait jamais emmené sa fille au parc. Elle avait maintenant quinze ans et ne s'intéressait plus guère aux promenades – ni à son père, d'ailleurs.

John s'interrompit, le temps de reprendre son souffle.

– En discutant du thème « Être présent » avec un des poissonniers, j'ai compris que je l'étais rarement moi-même, que ce soit au travail ou à la maison. Le gars m'a suggéré de visiter le marché avec ma petite famille. Ma fille n'était pas très enthousiaste, mais j'ai fini par la convaincre. On a passé un bon moment, et je me suis efforcé d'être aussi attentionné que possible avec mes enfants. Puis, quand ma femme est allée chez le marchand de jouets avec mon fils, je me suis assis sur un banc avec ma fille et je lui ai dit que je regrettais d'avoir été si peu disponible, que je lui demandais pardon et que je m'engageais à être désormais bien plus présent. Elle a répondu que je n'étais pas un si mauvais père, mais que j'avais seulement besoin de me dérider.

« J'ai du pain sur la planche, mais je progresse peu à peu. Être présent me permettra de retrouver une chose que je n'avais pas conscience d'avoir perdue : une relation avec ma fille.

Ensuite, Janet évoqua un incident survenu dans une autre entreprise :

FISH!

– Une de mes collègues cherchait sans cesse à attirer mon attention, mais j'étais préoccupée par des problèmes personnels, et nous n'avons jamais réussi à nous lier. Puis l'irréparable s'est produit. Elle s'est mise à dissimuler ses mauvais résultats sous des rapports mensongers. Et quand on s'en est rendu compte, il était déjà trop tard. Elle a perdu son travail, l'entreprise a perdu un gros client et beaucoup d'argent, et au final j'ai moi-même été remerciée. Tout cela aurait pu être évité si j'avais été plus présente, c'est-à-dire attentive à ses appels au secours.

Puis vint le tour de Beth. Un soir qu'elle pédalait sur son vélo d'appartement, avec la télé allumée et des journaux posés sur le guidon, son fils était entré dans la pièce et s'était vautré sur le canapé. Elle avait tout de suite vu que quelque chose n'allait pas.

– Autrefois, je lui aurais parlé sans cesser mes activités. Mais l'expérience et un divorce m'ont appris que faire dix choses à la fois n'est pas toujours compatible avec le bonheur des siens. Alors j'ai éteint la télé, quitté le vélo et passé l'heure suivante à écouter mon fils me confier ses tourments d'adolescent. Comme quoi, j'avais bien fait de me montrer présente.

FISH!

D'autres membres du groupe confièrent des anecdotes d'ordre professionnel ou privé, puis tous confirmèrent leur engagement d'être présents les uns pour les autres comme vis-à-vis des clients. « Être présent, c'est témoigner du respect à son interlocuteur », ajouta quelqu'un. Ils s'engagèrent aussi à être là lors des discussions et à écouter attentivement les arguments des uns et des autres. Ils convinrent également d'une phrase-code pour rappeler à l'autre d'être présent : « Tu parais distrait. » Enfin, chacun promit de ne plus lire ou rédiger ses e-mails lorsqu'il se trouverait au téléphone avec un collègue ou un client.

Le groupe « Choisir son attitude »

Comme l'avait décidé Mary-Jane, « Choisir son attitude » fut le dernier thème abordé. Le rapport fut bref et direct :

– Voici les bienfaits recensés par notre groupe. Premièrement, en comprenant que notre attitude découle toujours d'un choix de notre part, nous apparaissons comme des gens fiables et volontaires, ce qui en soi sera un vecteur d'énergie pour le troisième étage.

« Deuxièmement, choisir son attitude et jouer les victimes sont foncièrement antithétiques.

FISH!

« Troisièmement, nous espérons que vous opterez pour l'attitude consistant à donner le meilleur de vous-même et à aimer votre travail. Nous ne pouvons pas exercer l'activité que nous aimons le plus, mais nous pouvons toujours décider d'aimer ce que nous faisons. Il ne tient qu'à nous d'investir nos qualités dans le cadre professionnel. Et si nous y parvenons, alors le bureau deviendra une oasis d'énergie, de souplesse et de créativité.

Propositions d'action

Margaret, porte-parole du groupe, expliqua avec fougue que chacun devait élaborer sa propre stratégie en fonction de son vécu.

– Beaucoup ont perdu de vue leur liberté de choix. Or cette liberté n'existe que lorsqu'on en a conscience.

Son voisin poursuivit :

– Nous avons défini deux stratégies pour apprendre à choisir son attitude, et elles donnent déjà des résultats. Tout d'abord, nous avons commandé une série d'ouvrages de développement personnel, à raison d'un exemplaire par collègue du département, et nous allons monter un cercle de discussion pour en débattre. Tous ces livres devraient nous aider à choisir notre attitude au quotidien. Ensuite, nous avons conçu le « menu du jour », en nous inspirant de celui qu'un anonyme éclairé a affiché en face de l'ascenseur. Ainsi vous pourrez chaque jour déterminer votre état d'esprit.

Mary-Jane examina le menu qui venait d'être distribué. À gauche figurait un visage renfrogné, entouré des mots *colère, ennui, aigreur,* et à droite une mine souriante au milieu des mots *énergie, attention, motivation, solidarité* et *créativité.* Le titre était explicite : « À vous de choisir ».

Mary-Jane sauta sur ses pieds pour féliciter l'ensemble de ses collaborateurs, flanquée de Lonnie qui dispensa un mot d'encouragement à chacun. L'heure du déjeuner était largement dépassée lorsqu'elle eut terminé de discuter avec les uns et les autres. Mais elle savait qu'ils étaient bien partis pour purger le marigot d'énergie toxique.

Lonnie raccompagna Mary-Jane jusqu'à First Guarantee. Plus d'un passant se retourna sur ce couple insolite : elle en tailleur, lui en bottes et tablier. Mais ce qui frappa Mary-Jane fut le nombre de promeneurs qui connaissaient le poissonnier.

– Si je comprends bien, votre chef ignore tout de la proposition que vous avez reçue ? demanda Lonnie.

Deux semaines plus tôt, Mary-Jane avait appris

que le principal concurrent de First Guarantee sou-
haitait la débaucher.

– Je crois bien que oui. C'est mon ancienne
chef, celle qui s'est établie à Portland, qui a vanté
mes mérites auprès de leur DRH. Et je n'en ai parlé
à personne au bureau.

– J'avoue que je comprenais mal que vous
puissiez refuser une telle offre, mais aujourd'hui,
ça prend tout son sens. Vous avez lancé un grand
chantier et vous ne voulez pas laisser tomber ces
gens, n'est-ce pas ?

– En partie, oui. Mais surtout, après avoir sué
sang et eau pour rendre First Guarantee plus
convivial, pourquoi partirais-je ? Le meilleur ne fait
que commencer.

Dimanche 7 février : au café, un an après

Mary-Jane ouvrit *L'abondance dans la simplicité*, à la page du 7 février.

La boucle est bouclée, songea-t-elle. *Il y a tout juste un an, j'étais assise au même endroit, à me demander comment diable j'allais purger le marigot d'énergie toxique. En fait, c'est ici que j'ai compris que j'étais moi-même en cause et que je devais me secouer avant de secouer l'équipe.*

Les présentations des quatre groupes furent un excellent point de départ. Le personnel avait toujours

FISH!

été capable de bien faire – il fallait juste qu'une bande de poissonniers leur révèlent leurs potentialités. Le troisième étage est aujourd'hui méconnaissable, et notre souci est désormais que tout le monde se bouscule pour intégrer notre département. Je pense que l'énergie a toujours été là ; il fallait simplement la réveiller.

Quelle bonne surprise d'avoir décroché le prix de la Présidence ! Notre présidente ne devait pas s'attendre à ce que j'en demande autant d'exemplaires. Un pour moi, un pour Bill, un pour chaque employé du département, un pour Lonnie et un pour tous ses copains. J'adore voir ce prix suspendu au-dessus de la caisse enregistreuse ou exposé en bonne place dans le salon de Lonnie.

Elle ouvrit son journal intime et se reporta à l'un de ses extraits préférés, un texte de John Gardner sur le sens de la vie.

Le sens

Le sens n'est pas une chose que l'on découvre un peu par hasard, comme la solution d'une énigme ou le trésor d'un jeu de piste. Le sens est une chose que l'on construit, à partir de son passé, de ses affinités et fidélités, de son expérience de la nature humaine, de ses propres talents et réflexions, de ses convictions, des choses et des êtres qu'on aime, des valeurs pour lesquelles on est prêt à se sacrifier. Tous les ingrédients sont là. Vous seul pouvez les assembler pour tracer ce qui sera votre vie. Faites-en une vie digne et pleine de sens. Dès lors, le bilan de vos succès et de vos infortunes deviendra secondaire.

John Gardner

Mary-Jane s'essuya les yeux en refermant le journal où elle consignait ses pensées et celles de ses « maîtres ».

– Dis, Lonnie, pourrais-je avoir un morceau de brioche avant que tu n'aies tout mangé ?

Lonnie était installé de l'autre côté de la table, un livre dans les mains. Il lui rapprocha le plateau. Quand elle tendit la main pour se servir, elle découvrit une bague de fiançailles posée entre les mâchoires d'un sushi-sourire…

FISH!

REMISE DU PRIX
DE LA PRÉSIDENCE

La présidente gagna le pupitre et balaya l'assistance du regard. Elle jeta un dernier coup d'œil à ses notes, leva les yeux et déclara :

– Je crois n'avoir jamais éprouvé autant de fierté que ce soir. First Guarantee vient de connaître des bouleversements tout à fait exceptionnels. Dans le secret des bureaux du troisième étage, Mary-Jane Ramirez et son équipe ont redécouvert qu'un travail épanouissant et gratifiant est un choix qui s'offre à nous chaque matin lorsque nous poussons les portes de cette entreprise. C'est aussi simple que de se demander : « La journée sera-t-elle bonne ? » et de répondre : « Oui ! Car j'en ai décidé ainsi ! »

« Les plus anciens partagent l'enthousiasme des jeunes recrues, et ce qui fut longtemps considéré comme un banal travail d'exécution est devenu une activité à forte valeur ajoutée. J'ai appris que la recette d'une telle métamorphose provient d'un marché aux poissons. En effet, l'équipe du troisième étage a estimé que si l'on pouvait faire d'un marché aux poissons un lieu de travail épanouissant, alors il en était de même pour n'importe quel département de First Guarantee.

« La recette de cette transformation est gravée sur une plaque figurant désormais dans l'entrée principale de notre siège social. On peut y lire ceci :

NOTRE LIEU DE TRAVAIL

En entrant dans ce lieu, veuillez *choisir* de faire d'aujourd'hui une excellente journée. Vos collègues, vos clients, vous-même serez tous satisfaits. Pensez à *jouer*. Un travail sérieux ne demande pas que l'on se prenne au sérieux. Restez concentrés afin d'être *présents* lorsque vos clients et collègues auront le plus besoin de vous. Et si jamais vous sentez une baisse d'énergie, un seul réflexe : trouvez quelqu'un qui a besoin d'aide, d'un mot d'encouragement ou d'une oreille bienveillante, et *illuminez sa journée.*

FISH!

Remerciements

Nombreux sont ceux qui ont œuvré pour faire de ce livre un succès, et nous tenons à les remercier tous, tout en sachant que nous risquons d'en oublier.

Tout d'abord, notre maison d'édition Hyperion, dont le savoir-faire frise la concurrence déloyale ! Nous avons eu le privilège de travailler avec une équipe fantastique : Bob Miller, Martha Levin, Ellen Archer, Jane Comins, Michael Burkin, Mark Chait, Jennifer Landers, Claire Ellis, Andrea Ho, David Lott, Vincent Stanley. Un grand merci également à la force de vente de Time-Warner Trade Publishing.

Par quel miracle sommes-nous tombés sur la meilleure agence littéraire du monde ? La Margret McBride Agency propose un casting du tonnerre : Jason Cabassi, Donna DeGutis, Sangeeta Mehta, Kris Sauer.

FISH!

Ce livre n'existerait pas sans son sujet : l'incroyable Pike Place Fish Market. Merci à Johnny Yokoyama, son propriétaire, ainsi qu'à sa bande de joyeux drilles.

Viennent ensuite les auteurs et capitaines d'industrie confirmés qui nous ont fait l'honneur de nous faire part de leur expérience : Sheldon Bowles, Richard Chang, Peter Economy, Peter Isler, Spencer Johnson, Lori Lockhart, Bob Nelson, Robert J. Nugent, Hyrum Smith, Donald D. Snyder, Richard Sulpizio.

Nous tenons à remercier le personnel de Ken Blanchard Companies et de ChartHouse Learning pour tous ces petits gestes qui nous ont grandement simplifié la tâche.

Et nous aimerions souligner l'apport décisif de quatre personnes : notre éditeur Will Schwalbe, qui jusqu'à la dernière minute, a fait montre d'un enthousiasme et d'une volonté hors pair ; Patrick North, de Charthouse, pour son talent inégalable ; Ken Blanchard, pour ses conseils et sa formidable préface ; et pour finir, la perle des agents, Margret McBride.

Merci.

Stephen C. Lundin
Harry Paul
John Christensen